# Letter Tracing Book
## for Preschoolers

MW00914965

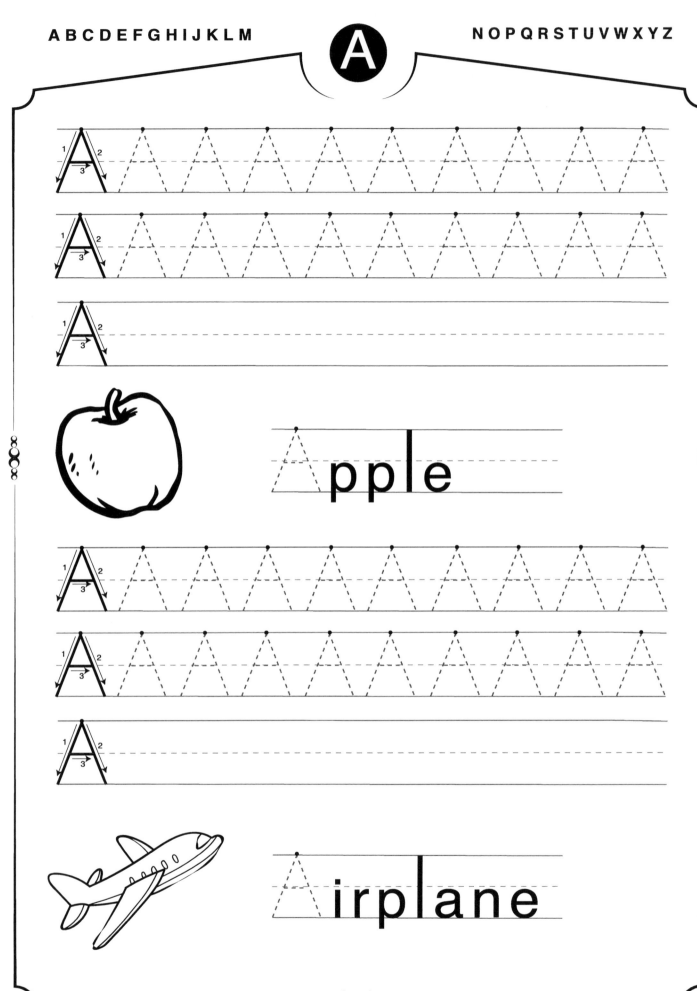

Apple

Airplane

a a a a a a a a a a a a a a a a a a

a a a a a a a a a a a a a a a a a a

a

b a n a n a

a a a a a a a a a a a a a a a a a a

a a a a a a a a a a a a a a a a a a

a

b a l l o o n

a

B B B B B B B B B B B B B

B B B B B B B B B B B B B

B

Ball

B B B B B B B B B B B B B

B B B B B B B B B B B B B

B

Boat

B

b b b b b b b b b b b b

b b b b b b b b b b b b

basket

b b b b b b b b b b b b

b b b b b b b b b b b

bread

b

1
2

C C C C C C C C C C C

C C C C C C C C C C C

C

Cat

C C C C C C C C C C C

C C C C C C C C C C C

C

Cake

C

C C C C C C C C C C C C C C C C C

C C C C C C C C C C C C C C C C C

C

cow

C C C C C C C C C C C C C C C C C

C C C C C C C C C C C C C C C C C

C

car

C

D D D D D D D D D D D D

D D D D D D D D D D D D

D

Duck

D D D D D D D D D D D D

D D D D D D D D D D D D

D

Dog

**D**

d d d d d d d d d d d d d d

d d d d d d d d d d d d d d

d

dolphin

d d d d d d d d d d d d d

d d d d d d d d d d d d d

d

deer

d

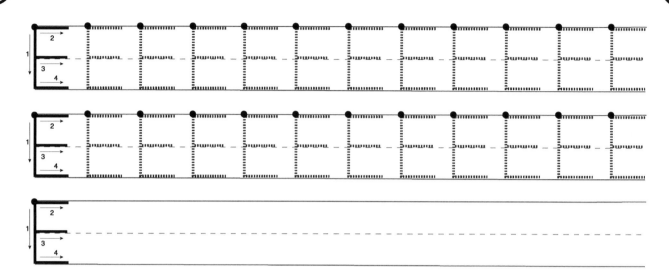

Elephant

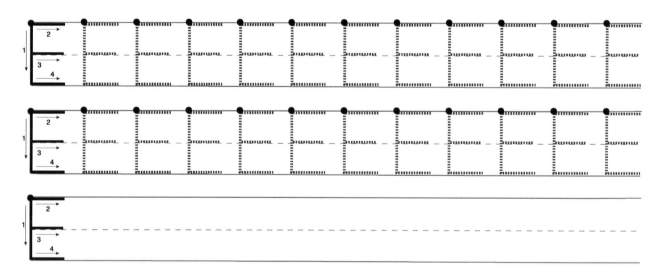

gg

E

e eeeeeeeeeeeeeee

e eeeeeeeeeeeeeee

e

eye

e eeeeeeeeeeeee

e eeeeeeeeeeeee

e

excavator

e

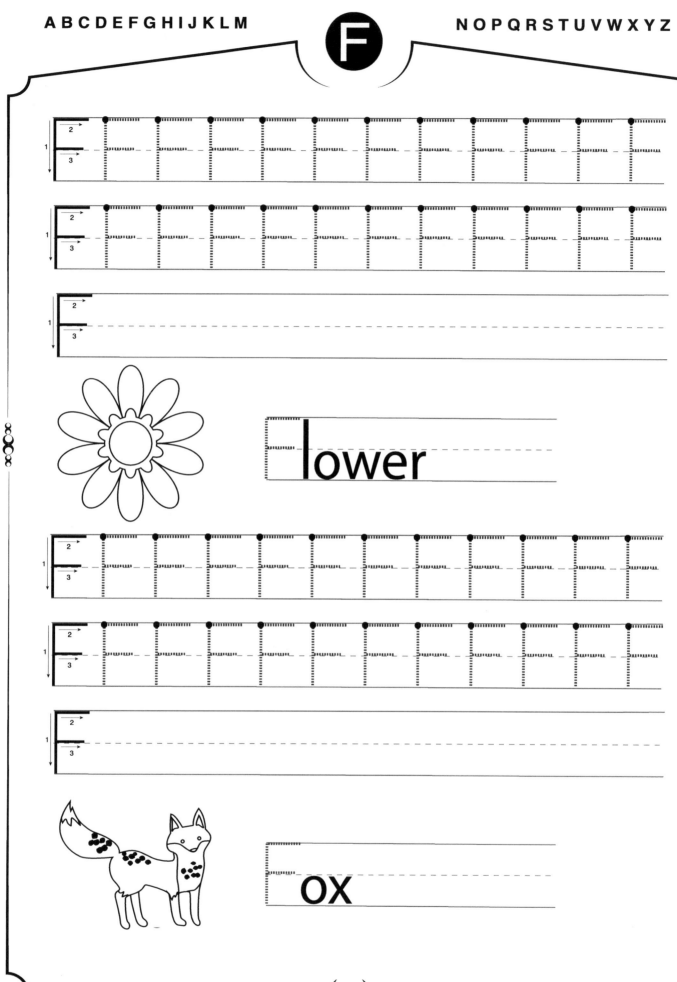

flower

ox

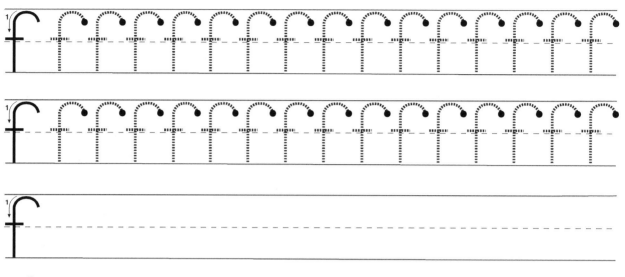

feather

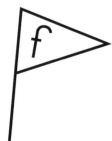

flag

f

f

G G G G G G G G G G G

G G G G G G G G G G G

G

Goat

G G G G G G G G G G G

G G G G G G G G G G G

G

Grass

G

g ggggggggggggggggggg

g ggggggggggggggggggg

g

glass

g ggggggggggggggggggg

g ggggggggggggggggggg

g

grape

g

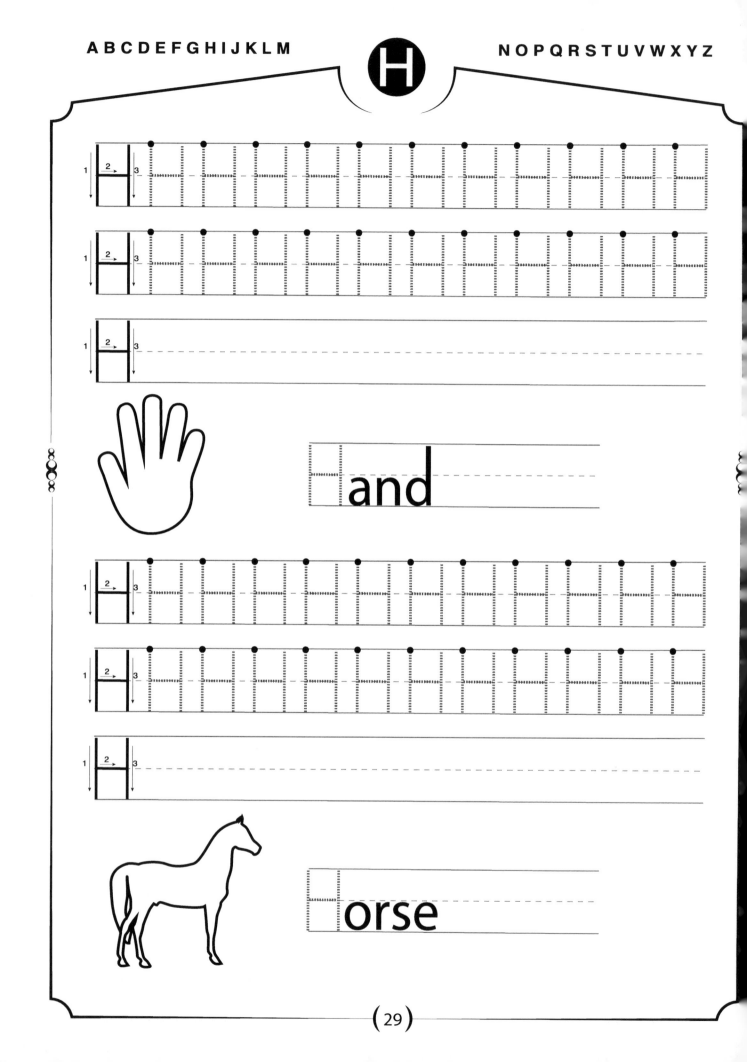

Hand

Horse

h

house

hair

ce cream

sland

I

i i i i i i i i i i i i i i i i i

i i i i i i i i i i i i i i i i i

i

# igloo

i i i i i i i i i i i i i i i i i

i i i i i i i i i i i i i i i i i

i

# ice

i

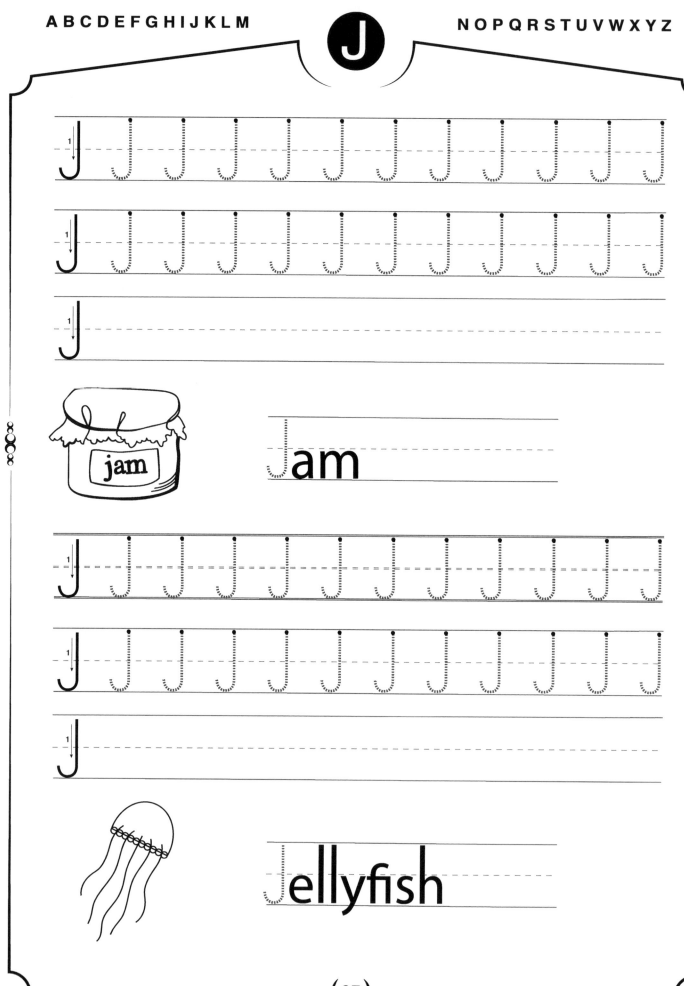

Jam

Jellyfish

J

J

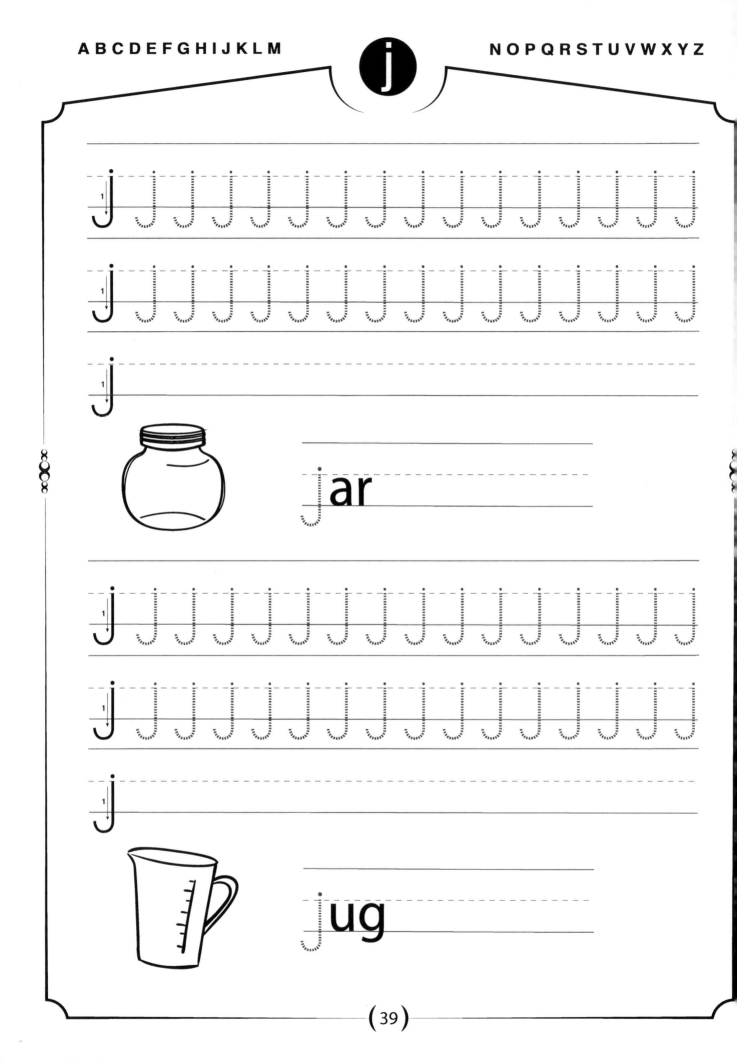

jar

jug

**j**

j

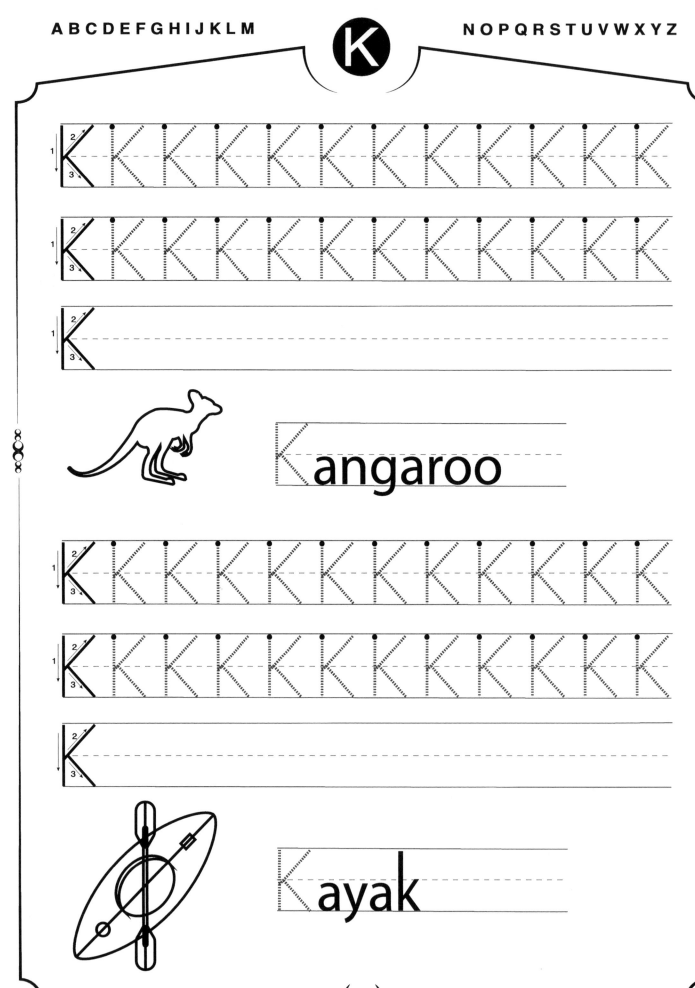

Kangaroo

Kayak

K

kitten

koala

k

1
2
3
k

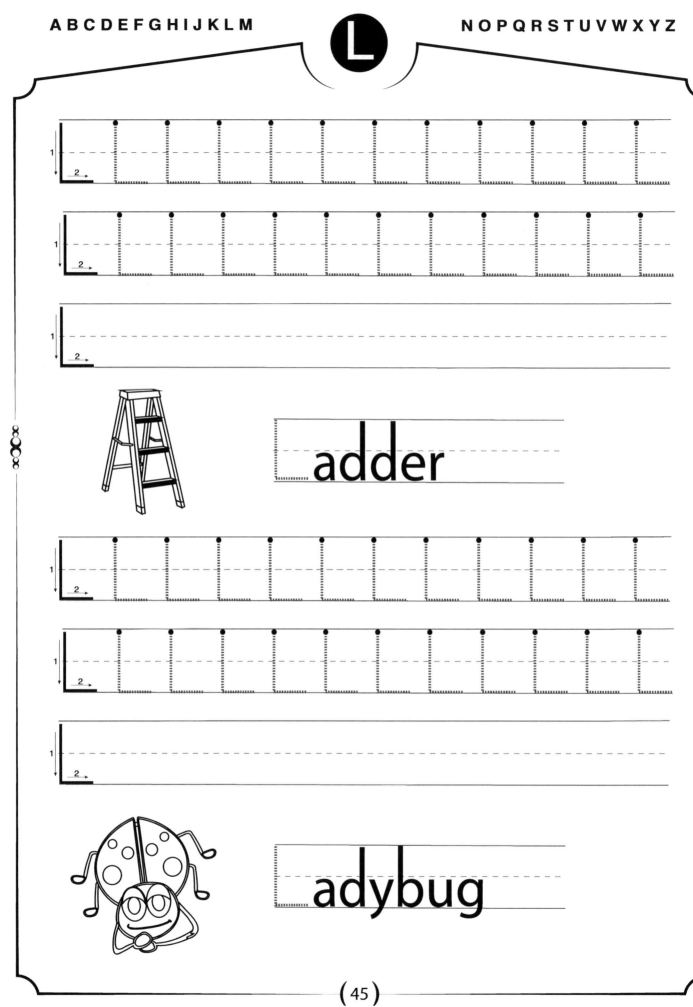

adder

adybug

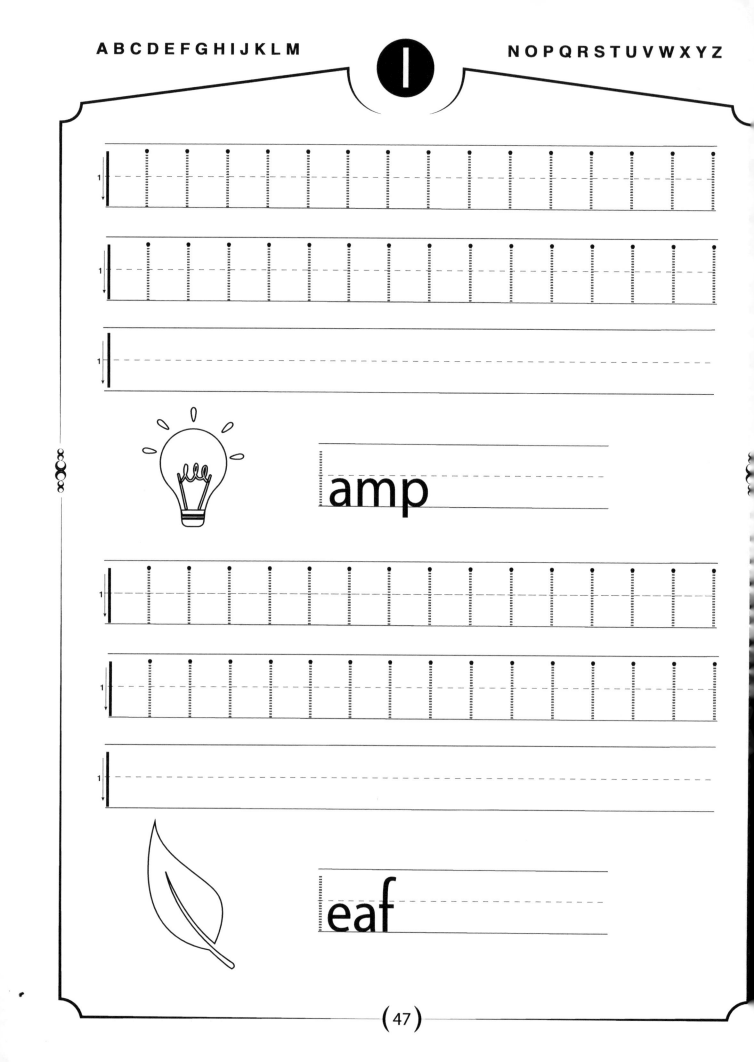

lamp

leaf

I

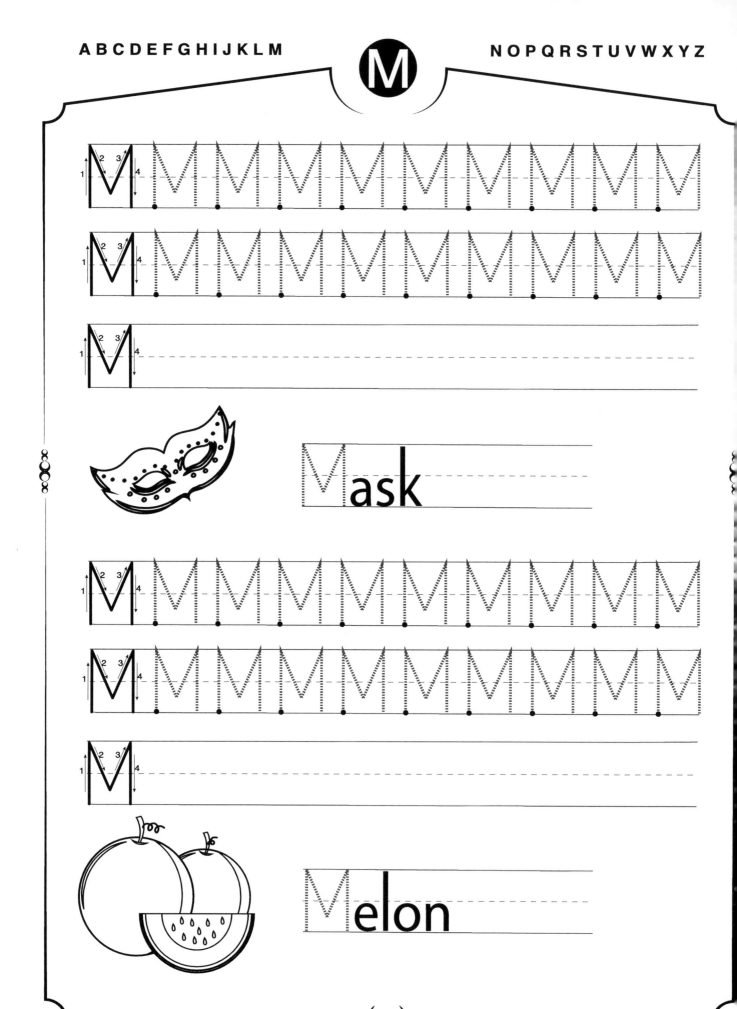

Mask

Melon

moon

mouse

m

m

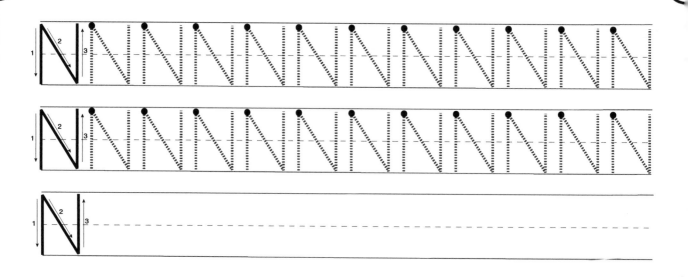

Notes

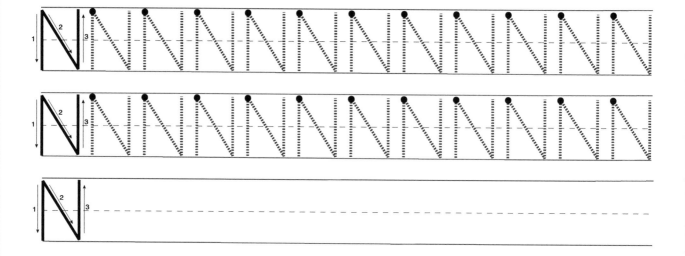

Nest

needle

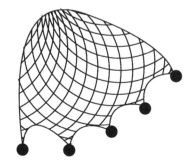

net

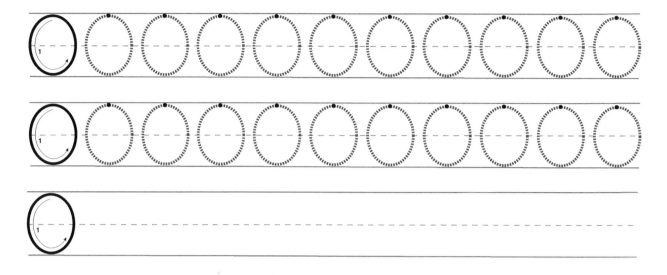

Owl

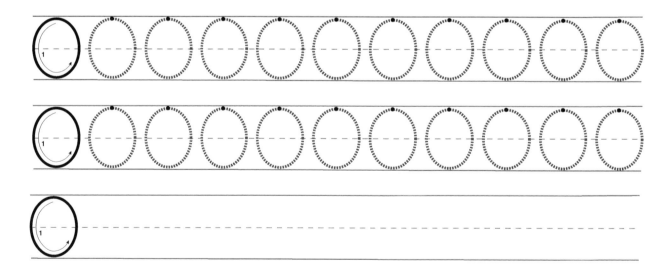

1 One

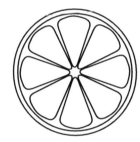

orange

onion

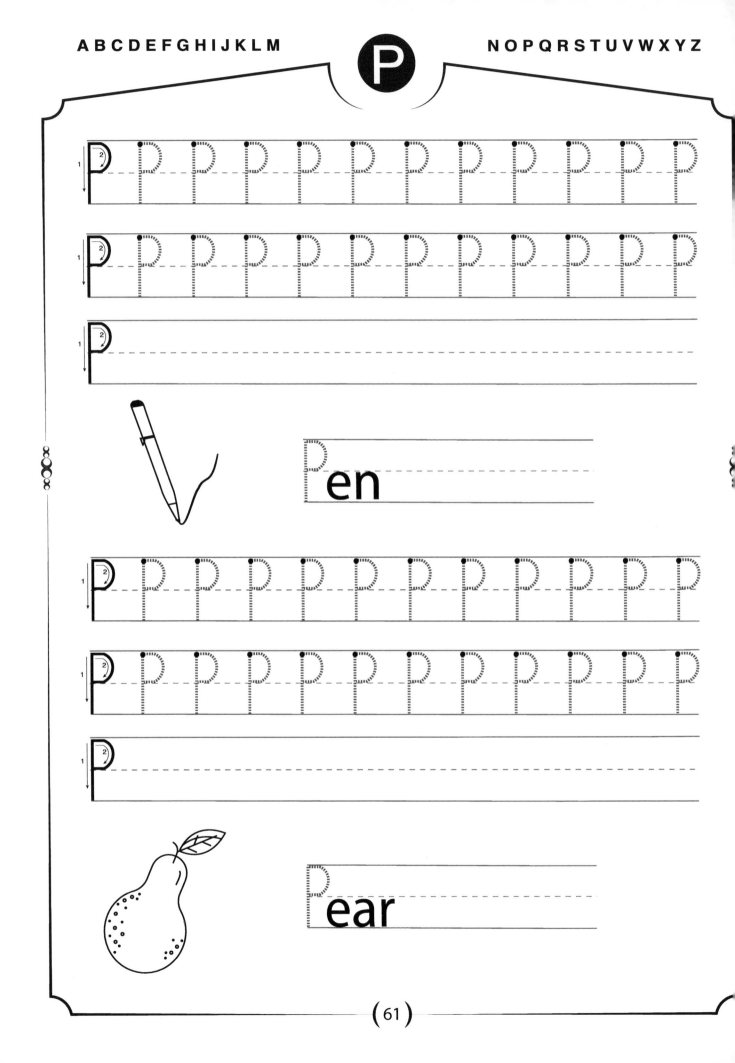

Pen

Pear

p p p p p p p p p p p p p p p

p p p p p p p p p p p p p p p

p

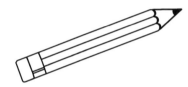

pencil

p p p p p p p p p p p p p p p

p p p p p p p p p p p p p p p

p

pizza

p

Queen

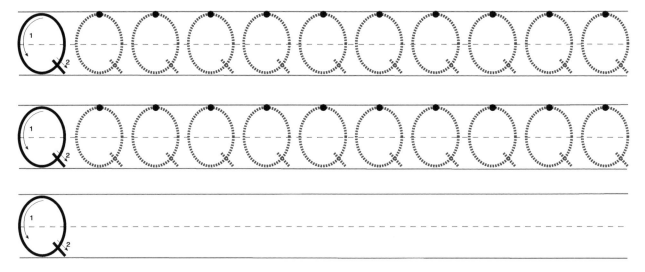

Quarter

qqqqqqqqqqqqqqqq

qqqqqqqqqqqqqqqq

q

**?** question

qqqqqqqqqqqqqqqq

qqqqqqqqqqqqqqqq

q

 quail

q

R R R R R R R R R R R

R R R R R R R R R R R

R

Rabbit

R R R R R R R R R R R

R R R R R R R R R R R

R

Ring

R

r r r r r r r r r r r r r r r r r

r r r r r r r r r r r r r r r r r

r

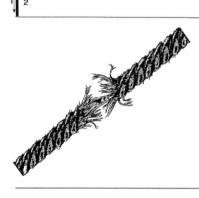

rope

r r r r r r r r r r r r r r r r r

r r r r r r r r r r r r r r r r r

r

rose

r

S S S S S S S S S S S S

S S S S S S S S S S S S

S

Saw

S S S S S S S S S S S S

S S S S S S S S S S S S

S

Sock

S

SSSSSSSSSSSSSSSS

SSSSSSSSSSSSSSSS

S

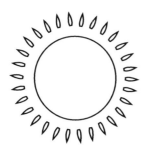

Sun

SSSSSSSSSSSSSSS

SSSSSSSSSSSSSSS

S

7 Seven

S

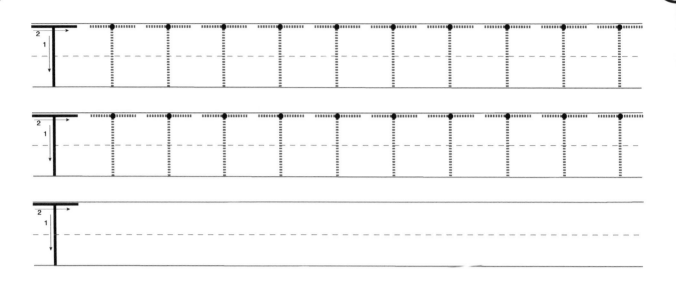

Toad

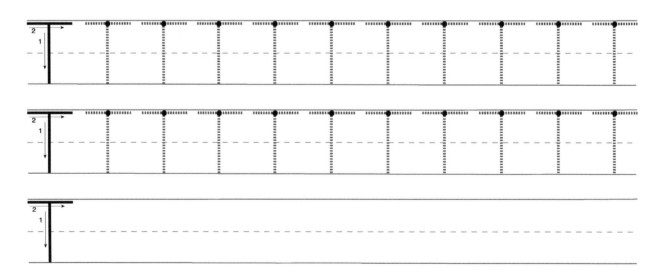

Tomato

t t t t t t t t t t t t t t t t t

t t t t t t t t t t t t t t t t t

t

turtle

t t t t t t t t t t t t t t t t

t t t t t t t t t t t t t t t t

t

2 two

t

t

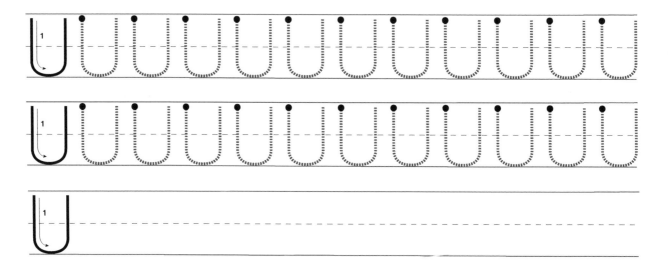

Umbrella

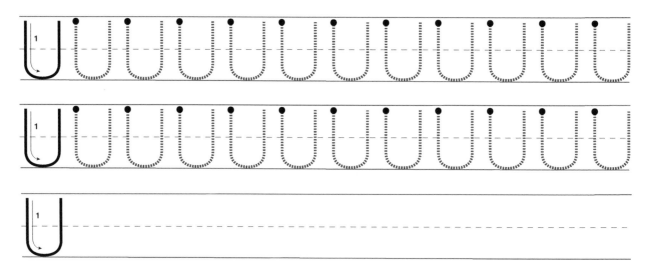

Uniform

U U U U U U U U U U U U U U U U U

U U U U U U U U U U U U U U U U U

U

up

U U U U U U U U U U U U U U U U U

U U U U U U U U U U U U U U U U U

U

underwear

U

Vase

Violin

V

van

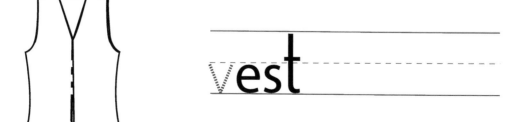

vest

V

W

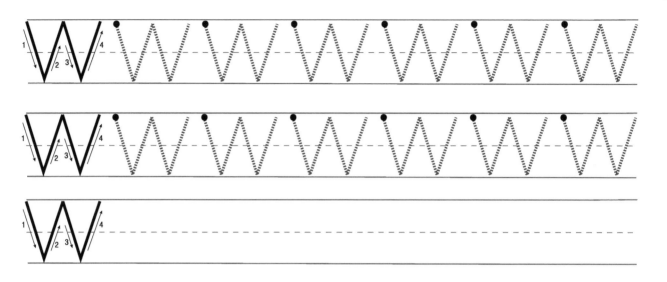

Walrus

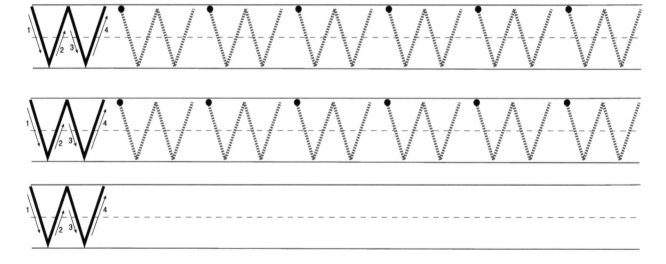

Whale

W

W W W W W W W W W W W W W W W W

W W W W W W W W W W W W W W W W

W

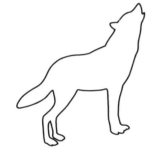

wolf

W W W W W W W W W W W W W W W W

W W W W W W W W W W W W W W W

W

watermelon

W

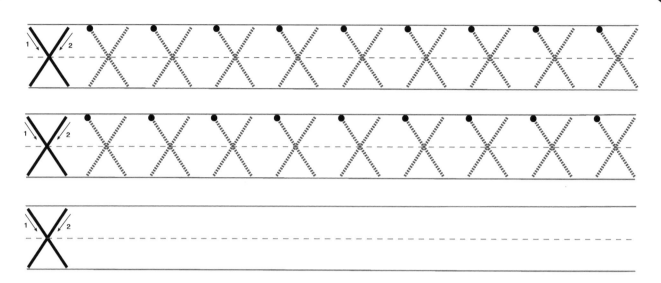

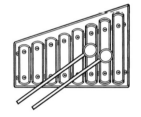

Xylophone

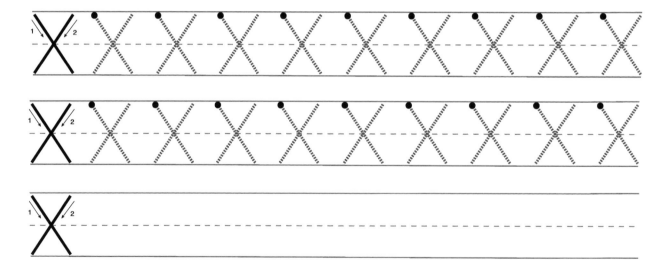

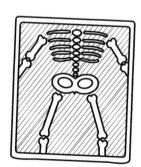

X-ray

X

X X X X X X X X X X X X X X X X X

X X X X X X X X X X X X X X X X X

X

wax

X X X X X X X X X X X X X X X X X

X X X X X X X X X X X X X X

X

6 six

X

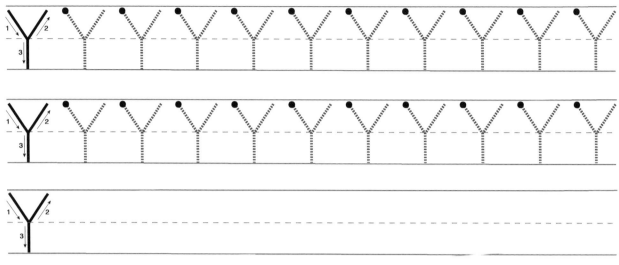

Yak

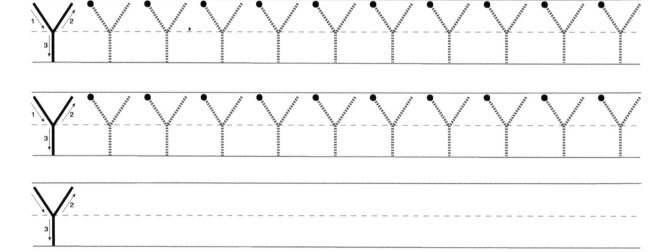

Yarn

Y

y y y y y y y y y y y y y y y y

y y y y y y y y y y y y y y y y

y

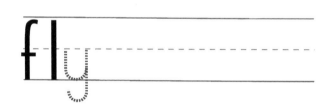
fly

y y y y y y y y y y y y y y y

y

toy

y

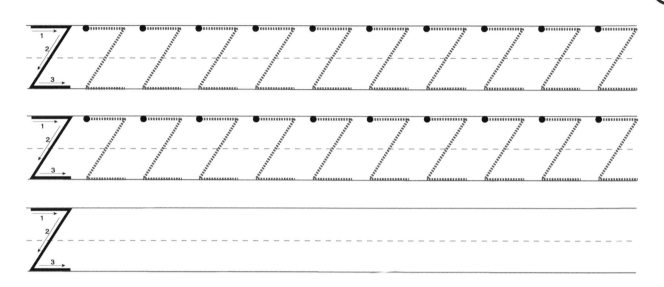

Zebra

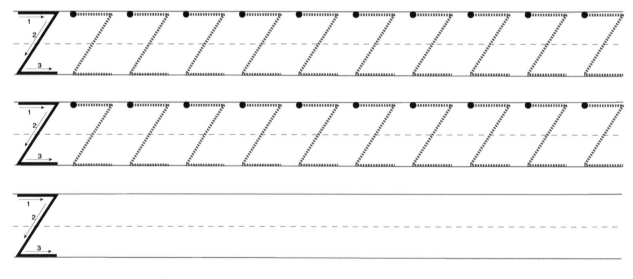

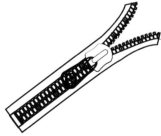

Zipper

Z

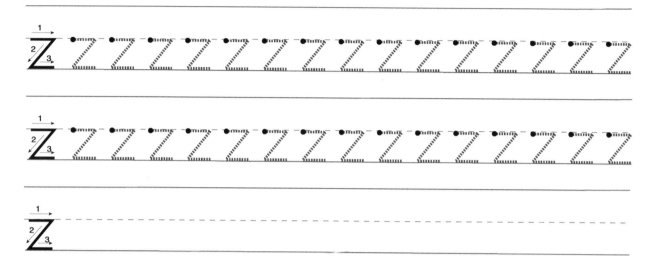

0 Zero

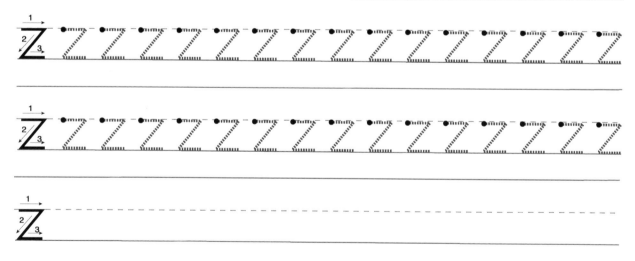

Zig-Zag

Z

Cover vector art from Freepik.com

Made in the USA
San Bernardino, CA
02 December 2019

60752562R00060